Dr. Karl-Heinz Otto
Erzpriester Anatolij Koljada

ALEXANDROWKA
und die
Alexander-Newski-Gedächtniskirche

D1735852

MÄRKISCHE REISEBILDER
Kulturhistorischer Führer in Wort und Bild

EDITION MÄRKISCHE REISEBILDER

Zweistöckiges »Blockhaus« in der Russischen Kolonie Alexandrowka.

*Zur Einstimmung in unsere Reise zur
Russischen Kolonie Alexandrowka*

Nördlich der barocken Innenstadt der brandenburgischen Landeshauptstadt Potsdam liegt unmittelbar an der alten nach Spandau und Nauen führenden Landstraße (B2) die in den zwanziger Jahren des 19. Jahrhunderts nach Plänen *Peter Joseph Lennés* angelegte Russische Kolonie Alexandrowka. Schon lange gehört das mit 14 russischen »Blockhäusern« und einer russisch-orthodoxen Kreuzkuppelkirche bebaute außergewöhnliche Architektur-, Park- und Garten-Ensemble zum erweiterten »Pflichtprogramm« zahlreicher Touristen, die Jahr für Jahr das friderizianische Potsdam mit seinen weltweit berühmten Schlössern und Parks besuchen. Die 1826 vom Preußenönig *Friedrich Wilhelm III.* zum Gedenken an den 1825 verstorbenen russischen Zaren *Alexander I.* initiierte *Memorialstiftung* nimmt innerhalb der Potsdamer Kulturlandschaft einen besonderen Stellenwert ein und wurde deshalb bereits im Jahre 1977 als schützenswertes Denkmal der preußisch-russischen Freundschaft bestätigt, das seitdem die besondere Fürsorge und Förderung der Potsdamer Denkmalpfleger genießt. So können wir heute wieder große Teile der Russischen Kolonie, einschließlich des wiederhergestellten Lennéschen Wegenetzes bis hoch zum Kapellenberg, und die fachgerecht restaurierte Alexander-Newski-Kirche in ihrer ursprünglichen Schönheit erleben.

Schon bei der ersten flüchtigen Begegnung mit Alexandrowka, in der einst die letzten Sänger aus Friedrich Wilhelms *russischem Soldatenchor* wohnten, fällt selbst dem Uneingeweihten die gestalterische Planmäßigkeit auf, mit der eine überlegt ordnende Hand die hölzernen Geschichtszeugen in eine ebenso harmonisch gestaltete Gartenlandschaft modelliert zu haben scheint. In der Tat erweist sich Alexandrowka nicht als ein kraft königlicher Marotten aus dem Zarenreich an die märkische Havel transferiertes banales russisches Bauerndorf. In Potsdams Alexandrowka erleben wir vielmehr ein nach russischen Architekturmustern planmäßig gestaltetes Kunstdorf, wobei die Vorsilbe *Kunst* den außergewöhnlichen künstlerischen Anspruch des Ensembles betonen soll. Kein Wunder, dass sich die UNESCO im Jahre 1999 entschloss, die Alexandrowka neben Sanssouci als gleichberechtigten Bestandteil der Potsdamer Kulturlandschaft zum *Weltkulturerbe* zu erheben.

Ein Wort noch in eigener Sache. Unsere Broschüre kann und will nicht als wissenschaftlicher Beitrag zur Erforschung der Alexandrowka verstanden werden. Sie kommt vielmehr als informatives Reisebild daher, das Geschichte und Geschichten dieses einmaligen kulturhistorischen Kleinodes erlebbar machen möchte. Wer aber tiefer zu schürfen trachtet, dem seien die aktuellen Forschungsergebnisse von Anja Hecker und Andreas Kalesse, veröffentlicht im Jahrbuch der brandenburgischen Landesgeschichte 2003, anempfohlen.

Die Vorgeschichte

Wer fragt sich nicht bei seiner ersten Begegnung mit Alexandrowka: Wie kam dieses russische Dörfchen mit der so exotisch anmutenden Alexander-Newski-Gedächtniskirche nach Preußen?

Die historische Anwort finden wir in den Befreiungskriegen von 1813/15. Der französische Kaiser *Napoleon* überzog Anfang des 19. Jahrhunderts ganz Europa mit Krieg. Bonapartes Grande Armee eilte von Sieg zu Sieg und schlug am *14. Oktober 1806* in der geschichtsträchtigen Doppelschlacht von *Jena und Auerstedt* die preußischen Truppen vernichtend. Preußens König *Friedrich Wilhelm III. (1770/1797–1840)* floh an den Petersburger Hof des russischen Zaren *Alexander I. (1777/1801–1825)*. Hier schworen Friedrich Wilhelm und Alexander gegen den französischen Eindringling: *»Wir werden nicht allein fallen – entweder stürzen wir gemeinsam oder überhaupt nicht!«*

Doch das Kriegsgeschick verläuft vorerst gegen den pathetischen Schwur von König und Zar. Napoleons Heere sind dank modernerer Waffen und Taktik nicht aufzuhalten. Im *Frieden von Tilsit (9. Juli 1807)* beugt sich Russland vor Bonaparte. Preußen trifft es noch härter. Es verliert die Hälfte des Landes und seiner Landeskinder. Ja, es kommt noch schlimmer. Friedrich Wilhelm muss seinem ärgsten Widersacher Napoleon ein 22 000 Mann zählendes Hilfskorps unterstellen und gegen den russischen Freund einsetzen. Mit *Generalleutnant Yorck* kämpft es am linken Flügel der Grande Armee gegen das Zarenheer. Und Yorck erledigte seine Sache, wenn auch widerwillig, trotzdem gut. Bald führt es aus dem Kurland-Feldzug 500 Russen als Gefangene heim.

Als Friedrich Wilhelm III., Preußens Melancholiker auf dem Thron, von der Beute erfährt, macht er in bewährter Manier das Beste aus der peinlichen Situation. Er gibt Order, aus der Gefangenenschar zu seiner persönlichen Erbauung und zur Unterhaltung der kriegsmüden Truppe einen *russischen Soldatenchor* auszuwählen. Dem Hohenzollernkönig hatten bereits bei seinem Zwangsaufenthalt in der St. Petersburger Residenz der Romanows die getragenen russischen Volkslieder geholfen, die erlittene Schmach zu vergessen. Nun erhofft er sich vom melancholischen Gesang der zugewonnenen russischen Sänger Linderung seiner Schwermut, die ihn immer öfter quält.

Das Probesingen verläuft nach den Regeln preußischer Akkuratesse. 21 russische Soldaten und Unteroffiziere bestehen den Test und werden sogleich in die Potsdamer Residenz überführt und hier am *14. Oktober 1812* dem traditionellen *Ersten Garderegiment zu Fuß* zugeteilt.

Nun müssen die russischen Soldaten-Sänger, wenn auch unbewaffnet, gegen ihre heimatliche Armee zu Felde ziehen. Doch sollte Napoleons Glückssträhne nicht ewig dauern. Bereits nach der Niederlage bei *Borodino (28. Juni 1812)* bekommt die französische Armee das große Laufen. Preußenkönig und

Russenzar erinnern sich wieder ihres Schwures und verbünden sich endgültig gegen den unverschämten Franzosen. Plötzlich sind die russischen Sänger keine Gefangenen mehr. Ihre Lage bleibt jedoch unverändert. Auch jetzt dürfen sie ihr Heimweh nicht befriedigen. Denn Friedrich Wilhelm III. bittet den russischen Zaren, den Soldatenchor für alle Zeiten behalten zu dürfen. Und Alexander I. stimmt dem Wunsch des Freundes großzügig zu.

So konvertieren die Gefangenen zum kaiserlichen Geschenk. Schließlich sind die fröhlichen Sänger »nur« Leibeigene. Ihre Träume von einer Rückkehr in ihre russische Heimat müssen sie nun für alle Zeiten aufgeben. Zweimal marschieren sie in den Uniformen des Potsdamer Garderegiments als Truppenunterhalter bis Paris. Für ihre Heldentaten in den Feldzügen zwischen 1813 und 1815 ehrt Friedrich Wilhelm seine russischen Sänger mit zahlreichen Medaillen, die noch heute in einer Vitrine der Alexander-Newski-Kirche aufbewahrt werden.

Nach den Siegesfeiern im Jahre 1815 vervollständigt Alexander I. sein »singendes Geschenk«, das nach den Kriegsjahren nur noch aus 12 Sängern besteht, mit weiteren sieben seiner leibeigenen Soldaten. Doch auch in der Folgezeit schmilzt der Chor rasch zusammen. »*So starben viele von ihnen wie die Fliegen*«, weiß der Chronist anschaulich zu berichten.

Traditionsvereine gestalten den Sieg der preußisch-russischen Verbündeten über Napoleons Truppen am 23. 08. 1813 bei Großbeeren nach. Die Medaillen der russischen Sänger sind in der Alexander-Newski-Kirche aufbewahrt.

*Nikolskoë – Ausdruck familiärer Bande zwischen
Hohenzollern und Romanows*

Auf halber Höhe zwischen Pfaueninsel und Moorlake überrascht uns linker Hand ein russisches Blockhaus, neben dem, nur einen Steinwurf entfernt, die Kuppel von Sankt Peter und Paul durch die mächtigen Eichenkronen grüßt. Wir sind in *Nikolskoë*, jener aus Blockhaus und Kirchlein bestehenden Einsiedelei russischer Bauart inmitten des Havellandes. Eine Reverenz des Preußenkönigs Friedrich Wilhelm III. an das russische Kaiserhaus der Romanows, das im 19. Jahrhundert durch enge verwandtschaftliche Bande mit dem Haus Hohenzollern verbunden war.

Die Geschichte des brandenburgischen Nikolskoë beginnt am 13. Juli 1817 in Berlin. Prinzessin Charlotte, die älteste Tochter Friedrich Wilhelms III. und Königin Luises, heiratet den Großfürsten Nikolaus, Bruder des regierenden Zaren Alexander I. Dabei tritt die Braut zum russisch-orthodoxen Glauben über, und aus der preußischen Prinzessin Charlotte wird die russische Großfürstin *Alexandra Feodorowna (1798 – 1860)*, die künftige russische Zarin.

Während eines Besuches anlässlich der Taufe seines Enkels (des späteren Zaren Alexander II.) im Jahre 1818 in St. Petersburg lässt sich Friedrich Wilhelm III. von der Bauweise russischer Blockhäuser und dem russischen Landleben faszinieren, ist er doch ohnehin kein Freund des übertriebenen höfischen Prunkes. Besonders begeistert ihn das Projekt des *Parkdorfes Glasowo*. Das Kunstdorf hatte der im Dienste des Zarenhofes stehende italienische Architekt *Carlo Rossi* bereits 1815 im Auftrag der Mutter Alexanders I. für die Parkanlagen der Sommerresidenz Pawlowsk entworfen. Als der Preußenkönig die Heimreise antritt, hat er vorsorglich die Risse eines jener russischen Blockhäuser Carlo Rossis im Gepäck, die das Kunstdorf Glasowo erst nach 1823 zieren werden. Doch so lange wird Friedrich Wilhelm III. Rossis Zeichnungen nicht schmoren lassen.

Wieder in Potsdam, verwirklicht er sogleich einige der in Russland gefassten Pläne. So erhält die Pfaueninsel eine russische Rutschbahn, eine Schaukel und exotische Turngeräte. Noch 1819 erteilt der König *Hauptmann Snethlage* vom Garde-Pionierbataillon die Order, am Havelufer gegenüber der Pfaueninsel ein russisches Blockhaus mit Teestube zu errichten.

Beim Berliner Gegenbesuch 1820 überrascht Friedrich Wilhelm III. das Großfürstenpaar mit einem besonderen Geschenk: »seiner russischen Schöpfung auf märkischem Sand«. In der Begrüßungsrede lesen wir: »*Es ist eine vollkommen treue Kopie des Blockhauses, das Dir wohl gefiel, und in welchem wir so froh waren, als ich Euch in Petersburg besuchte. Du wünschtest Dir damals ein solches Haus und meintest, man könnte darin ebenso vergnügt sein, als in einem kaiserlichen Pallaste. Dieß Dein Wort habe ich behalten und zum*

Andenken daran gerade ein solches Haus hier Dir zuliebe erbauen lassen. Heute wollen wir froh einweihen, und nach dem Dir theuersten Namen soll es heißen für immer: Nikolskoë (dem Nikolaus zu eigen).«

Um das russische Flair von Nikolskoë abzurunden, bestimmte der König am 19. Juni 1820 seinen aus Russland stammenden Leibkutscher zum Aufseher von Nikolskoë. Jewgeni Filipowitsch *Barchatow* diente hier lange Zeit als lebende romantische Staffage. Ihn hatte ein ähnliches Schicksal ereilt wie die 21 russischen Kosaken, die drüben auf der Potsdamer Insel für den König zu singen hatten. Zar Alexander I. hatte Barchatow, gewissermaßen als denkende Beigabe zu einer stattlichen Troika (russische Kutsche mit drei Pferden), dem Preußenherrscher zum Geschenk gemacht.

Barchatow, den seine preußischen Herren und Mitlakaien *Iwan Bokoff* riefen (Iwan nannte man nach russischer Tradition jeden Kutscher – Bokoff entlehnten die »Gastgeber« wahrscheinlich von Kutschbock, weil sie Barchatow nicht aussprechen konnten), musste sich in Nikolskoë und später dann auch in Alexandrowka vor den hochwohlgeborenen Gästen des Königs in seiner traditionellen russischen Kleidung präsentieren und so die romantische Stimmung unterstreichen. Übrigens wusste Iwan Bokoff seine einmalige königliche Stellung geschickt in klingende Münze »umzurubeln«. In seiner freien Zeit schenkte er an Spaziergänger Erfrischungen aus und gilt so als Begründer der gastronomischen Tradition in Nikolskoë.

Nikolskoë (1819) lädt heute als folkloristisches Restaurant ein. In der benachbarten St. Peter- u. Paul-Kirche (1837, Schüler) finden ev. Gottesdienste statt.

Die Russische Kolonie Alexandrowka –
ein würdiges Memorial zum Gedenken an Zar Alexander I.

Als *Alexander I.* am 1. Dezember 1825 stirbt, verliert Friedrich Wilhelm III. mehr als nur einen politisch gleichgesinnten Monarchen, mit dem er gemeinsam Preußen und Europa von Napoleon befreit und neu geordnet hatte. Vielmehr verbanden den Preußenkönig herzliche verwandtschaftliche und freundschaftliche Beziehungen mit dem russischen Zaren.

In Russland besteigt nun *Nikolaus I. (1796 – 1855)*, der Bruder Alexanders und Schwiegersohn des preußischen Königs, den Zarenthron. Nikolaus I., jetzt Herrscher aller Preußen, ist seit 1817 mit der ältesten Tochter Friedrich Wilhelms III. verheiratet, die in den folgenden Jahren als *Zarin Alexandra Feodorowna* das dynastische Band zwischen den Romanows und den Hohenzollern besonders intensiv festigt. So lässt die Idee Friedrich Wilhelms nicht lange auf sich warten, zum Andenken an den verstorbenen Freund Zar Alexander I. die Kolonie Alexandrowka errichten zu lassen.

In seiner *Allerhöchsten Cabinets-Ordre* vom *10. April 1826* heißt es:

»Es ist Meine Absicht, als ein bleibendes Denkmal der Erinnerung an die Bande der Freundschaft zwischen Mir und des Hochseeligen Kaisers Alexander von Russlands Majestät, bei Potsdam eine Colonie zu gründen, welche Ich mit den, von Seiner Majestät Mir überlassenen Russischen Sängern als Colonisten besetzen und Alexandrowka benennen will.«

Wie bei allen für die Errichtung der Russischen Kolonie bestimmenden Daten wählte der König auch für diese als *Geburtsurkunde der Memorialstiftung Alexandrowka* geltende Order ein Datum aus, das unmittelbar an die gemeinsam mit seinem Freund Alexander I. durchlebten Befreiungskriege erinnerte. Genau 12 Jahre zuvor, am 10. September 1814, hatte Friedrich Wilhelm neben Alexander I. auf dem Place de la Concorde in Paris die Siegesparade der gegen Napoleon verbündeten Garden abgenommen.

Die Gesamtleitung für die Anlage der Alexandrowka übertrug der König *Oberst Röder* per Kabinettsorder: *»Im Vertrauen auf Ihre Umsicht und Thätigkeit, übertrage Ich Ihnen hiermit die Leitung der ganzen Ausführung des Planes nach den, hier ertheilten Bestimmungen unter Zuziehung des Hauptmanns Snethlage und Garten-Directors Lenné, welche beide durch ihre vorgesetzte Behörde mit Anweisung versehen sind, indem ich wünsche, dass Sie auf die Beschleunigung der Arbeiten, so weit sie mit der zweckmäßigen Ausführung vereinbar ist, möglichst Bedacht nehmen. * Friedrich Wilhelm«*

Als Friedrich Wilhelm III. im Frühjahr 1826 zielstrebig darangeht, Alexandrowka zu verwirklichen, ahnen die im Potsdamer *Ersten Garderegiment zu Fuß* dienenden russischen Sänger noch nichts vom Vorhaben ihres königlichen Dienstherren, das ein Jahr später ihr Leben grundlegend verändern sollte.

Lenné – der Meister der Landschaftsgestaltung greift ein

Mit der landschaftlich-architektonischen Gestaltung der Memorialstiftung Alexandrowka betraute Friedrich Wilhelm III. seinen Gartenbaudirektor Peter Joseph Lenné (1789 – 1866). Für den ehrgeizigen, ideenreichsten Gartenschöpfer des 19. Jh., dessen Kreativität schon der Pfaueninsel, dem Neuen Garten und dem Park von Sanssouci ein unverwechselbares Gesicht verliehen hatte, eröffnete sich erneut eine interessante Aufgabe. Bereits wenige Tage nach der Königlichen Order legte der Gartenbaudirektor zwei Ideenskizzen vor, die er dem landschaftlichen Panorama der Nauener Vorstadt vortrefflich angepaßt hatte. Diese Entwürfe wiesen Lenné erneut als Meister der Vorstadtplanung aus. Beispielgebend verband der Gartenkünstler die gestellte soziale Aufgabe mit der erwarteten ästhetischen Wirkung. Beide Vorschläge fanden jedoch nicht die Zustimmung des Königs.

Friedrich Wilhelm III. suchte für seine Alexandrowka nach einem Grundriss, der das ehrende Andenken an den verstorbenen Zaren symbolhaft unterstreichen sollte. Am Ende der schöpferischen Suche fand der König in enger Zusammenarbeit mit Lenné die ovale Form des Hippodroms als geeignet. Schließlich bestimmte der König, das Hippodrom mit einem Andreaskreuz zu hintersetzen, um damit einen weiteren symbolischen Bezug zu Russland zu erreichen, als dessen nationaler Schutzpatron der Apostel Andreas verehrt wird.

Frühling in Alexandrowka. Motiv der paarweise platzierten einstöckigen Blockhäuser Nr. 8 und Nr. 9 (rechts).

Das 1790 in Form eines antiken Hippodroms angelegte Pariser Marsfeld wurde seit der Französischen Revolution als Freiheitssymbol verinnerlicht. Bereits 1815 hatte man das Motiv aufgegriffen und in Braunschweig ein Memorial als Hippodrom gestaltet, um der im napoleonischen Befreiungskrieg gefallenen Herzöge Carl Wilhelm Ferdinand und Friedrich Wilhelm zu gedenken – eine Erweiterung der Bedeutungsdimension des Pariser Hippodroms.

Das Potsdamer Memorial zum Gedenken an Alexander I. sollte also die symbolträchtige Form des Hippodroms wiederholen und damit die Idee des Totengedächtnisses und des Freiheitsgedankens unterstreichen. Neben dieser symbolhaften Bedeutung beabsichtigte der König mit Alexandrowka gleichermaßen die Ziele seiner fortschrittlichen Agrarpolitik umzusetzen. In diesem Sinne sollte Alexandrowka als Vorbildvariante eines Kunstdorfes auf die preußischen Provinzen ausstrahlen.

Peter Joseph Lenné ging mit gewohntem Eifer und der ihm eigenen Kreativität, die er u. a. schon bei der Gestaltung der Pfaueninsel und des Parks um Schloss Charlottenhof bewiesen hatte, an die Realisierung seines endlich vom König bestätigten *3. Entwurfes*. Jetzt bildete ein in Form eines Andreaskreuzes angelegtes Alleensystem das landschaftliche Gerüst der Alexandrowka.

An den Kreuzarmen platzierte der Gartenkünstler acht paarweise angeordnete Gehöfte, während er für die Bögen vier weitere vorsah.

Den Standort für das dreizehnte Haus bestimmte der König selbst. In dieses besondere Haus sollte ja auch keiner der Soldaten-Sänger einziehen. Das *Aufseherhaus* war vielmehr für den zum Vorsteher der Kolonisten befohlenen Feldwebel des Ersten Garderegiments zu Fuß vorgesehen. Schließlich lebten die russischen Sänger in Preußen und dienten auch weiterhin in der Leibkompanie des Potsdamer Garderegiments, wo selbstredend militärische Zucht und Ordnung herrschten.

So wurde das Aufseherhaus genau im Kreuzmittelpunkt der Alexandrowka erbaut. Von hier konnte der Feldwebel der Garde die ihm unterstellten russischen Sänger am besten überwachen.

Während die Siedlung der Kolonisten gewissermaßen »zu ebener Erde« unweit des Nauener Tores errichtet wurde, wählte Friedrich Wilhelm den Platz für die *Russische Kapelle* in exponierter Lage auf dem nahe der Kolonie gelegenen *Minenberg.*

Lenné bezog deshalb den Minenberg in seine landschaftlichen Gestaltungspläne ein, so dass Alexandrowka und der heutige Kapellenberg mit der Alexander-Newski-Kirche eine künstlerische Einheit bildeten.

Doch der Bau der russischen Kapelle wurde erst einmal ausgesetzt, weil die in Sankt Petersburg bestellten original russischen Risse auf sich warten ließen. Am Fuße des Minenberges aber konnten die Planierungs- und Bauarbeiten für die Russische Kolonie beginnen.

Die 13 russischen Blockhäuser des Hauptmanns Snethlage

Der Bauherr der Alexandrowka, *Friedrich Wilhelm III.*, war kein Neuling im Umgang mit russischer Volksarchitektur. Bereits 1819 hatte er unter Leitung Hauptmann Snethlages für das russische Großfürstenpaar Nikolskoë (S. 6/7) erbauen lassen. So lag es nahe, dass der König *Hauptmann Snethlage* auch als Baumeister seiner Russischen Kolonie einsetzte. Der ehemalige Bergbaubeamte hatte 1813 als Freiwilliger bei den *Lützower Jägern* gekämpft und war in napoleonische Gefangenschaft geraten. Nach abenteuerlicher Flucht war er zum Kommandeur der Potsdamer Garde-Pionierabteilung avanciert.

Wie bereits für das Blockhaus Nikolskoë gelten auch für die 13 »Blockhäuser« der Alexandrowka *Carlo Rossis* Risse als architektonisches Vorbild. »Blockhaus« steht dabei nicht grundlos in Anführungstrichen. Im Gegensatz zum echten Blockhaus Nikolskoës, sahen Snethlages Baupläne für Alexandrowka lediglich eine *»imitierte« Blockhaus-Bauweise* vor, denn Friedrich Wilhelm hatte preußische Sparsamkeit gefordert. Verständlich – denn er bezahlte das Memorial aus seiner »Königlichen Schatulle«.

Den Baukern der »Blockhäuser« bilden deshalb auf halbem Stein gesetzte

Gehöft Nr. 8 gehört zu den 8 einstöckigen »Blockhäusern«. Erstbewohner war Iwan Jablokoff – der schlichte »Feuerstachel« als Giebelfirst verweist auf dessen niederen Dienstrang. Zeitweilig war hier Sonntagsschule mit Erzpriester Maltzew u. F. Goeken (seit 1894 erster deutscher orth. Priester Wassili).

urdeutsche Fachwerke. Erst die akkurat ausgeführte Bohlenverkleidung mit gewölbten Dielenbrettern und verschränkten Balkenköpfen an den Hausecken verwandelte die Gebäude in *Blockhäuser*. Die Fassaden zeigen besonders zur Straßenseite hin die beabsichtigte russische Volksarchitektur – ganz im Sinne der Entwürfe Rossis. Vorspringende Holzsäulen tragen reichverzierte Balkone und Galerien. Ornamental ausgesägte Giebelbretter und Fensterrahmen vervollständigen die russische Blockhausidylle. Die ursprünglich mit Brettern belegten Dächer schützt seit 1877 englischer Schablonenschiefer.

Am 22. April 1826 verfügte Oberst Röder gegenüber Snethlage, welche der Kolonistenhäuser ein- und welche zweistöckig zu erbauen seien. Dabei wahrte Röder die mit dem andreaskreuzförmigen Grundriss vorgezeichnete Symmetrie, indem er an den Alleen jeweils gleichartige Häuser gegenüberstellen ließ. Jedes Stockwerk nimmt neben einer größeren Stube drei Kammern und hinter dem Flur eine Küche auf. Von einer Treppe kann der kleine Keller erreicht werden. Da die Kolonisten ihre Familien weitgehend selbst versorgen mussten, wurde für jede Siedlerstelle in Flucht zum straßenseitigen Hausgiebel ein genormtes Wirtschaftsgebäude mit Kuhstall und Futterraum errichtet. Diese niedrigen Holzschuppen wurden ebenfalls im Stil der russischen Blockhausarchitektur gebaut und durch einen überdachten und verzierten Torweg mit den

Verzierte Fenster und Balkone unterstreichen den Charakter russischer Volksarchitektur. In den 2-stöckigen Häusern der Hauptallee (heute F.-Ebert-Straße) wohnten höherrangierte Sänger (Unteroffiziere und Feldwebel), statt des gewöhnlichen »Feuerstachels« ziert darum eine »Fahne« deren Giebelfirst.

Wohnhäusern verbunden. Vom Hof führt eine Freitreppe ins Obergeschoss, die ursprünglich lediglich aus einer Sprossenleiter bestand.

Nachdem Hauptmann Snethlage die Baupläne für alle Häuser erarbeitet und weisungsgemäß vorgesehen hatte, sie *»sämtlich von Holz, nach der Art der russischen Bauernhäuser, ein- oder zweistöckig«,* auszuführen, befehligte er 100 Militärhandwerker und einen Feldwebel beim Bau der *Alexandrowka.* Die Chronik berichtet, dass jeder der Bauleute einen leinenen Kittel und täglich 10 Silbergroschen zusätzlich zum üblichen Sold ausgezahlt bekam.

Der Pionier-Hauptmann trieb die Bauarbeiten mit der nötigen Strenge voran. Dabei muss dem Offizier bestätigt werden, mit viel Fingerspitzengefühl und Kunstsinn bei aller gebotenen Sparsamkeit ein historisches Architekturensemble geschaffen zu haben, das dem von Carlo Rossi für das Parkdorf Glasowo entwickelten Baustil typisch russischer Blockhäuser beispielhaft nahekam. Da weder Glasowo noch andere russische Musterdörfer die Wirren der Geschichte überlebten, fällt der Alexandrowka heute eine besondere kunsthistorische Bedeutung im Rahmen russischer Volksarchitektur des 19. Jh. zu.

Letzte Arbeiten vor dem Einzug der Kolonisten

Während fleißig an den Kolonistengehöften gebaut wurde, war auch der königliche Gartendirektor *Lenné* nicht untätig geblieben. Unter seiner Leitung war unterdessen das Gartenland parzelliert, gedüngt, bearbeitet und mit Obstbäumen bepflanzt worden. Die Grundstücke der künftigen Kolonisten und des Kolonievorstehers hatte er mit Staketen und Hecken einfrieden lassen.

Lenné konnte bei der Bepflanzung der Kolonistengärten auf den außerordentlichen Sortenreichtum der Königlichen Landesbaumschule zu Potsdam und Alt-Geltow zurückgreifen. Die Palette der *Obstbäume* reichte von Äpfeln, Birnen und Kirschen über Pfirsiche und Pflaumen bis zu Aprikosen und Quitten. Zahlreiche Obstbäume aus der Gründungszeit der Kolonie beschäftigen heute die pomologische Forschung. So repräsentiert Alexandrowkas ältester Apfelbaum *(Borsdorfer Renette)* eine der ältesten deutschen Kulturapfelsorten (seit 700 Jahren nachgewiesen).

Die meiste Arbeit aber bereitete die *Chaussierung der Alleen* entlang der Jägerallee (heute Am Schragen) und der Nauener Allee (heute Friedrich-Ebert-Straße), die ebenfalls im Herbst 1826 abgeschlossen werden konnte. Dabei bezog Lenné auch den Alexanderberg in die Landschaftsgestaltung ein. An seinen Hängen ließ er Bäume pflanzen und Wege anlegen, auf denen wir nach liebevoller Sanierung heute wieder spazieren können.

Obwohl die Neugier zu dieser Zeit schon manchen Potsdamer zu den märchenhaften Holzhäusern jenseits des Nauener Tores zog und das ganze Areal bereits einen ansprechenden exotischen Anblick bot, gab es für Oberst Röder bis zum Einzug der Kolonisten noch mancherlei zu tun.

So musste er die Häuser komplett mit dem zum Leben notwendigen Inventar und allerlei Utensilien ausstatten. Dabei wachte der Oberst streng über die Ausgaben, die der König auf eine Obergrenze von 250 Talern pro Kolonistenstelle festgesetzt hatte. Außerdem waren die recht komplizierten Eigentumsverhältnisse zu regeln und die letzten Junggesellen der russischen Sängermannschaft zu verheiraten. Gerade diese prekäre Aufgabe bereitete dem Organisator des Kolonielebens besonderes Kopfzerbrechen. Dabei hatte er doch selbst mit festgelegt, dass nur verehelichte Sänger in den Genuss einer »Villa« im grünen Alexandrowka gelangen durften.

Zur Zeit, da der preußische König seinen *Friedrich Wilhelm* unter die historische Kabinettsorder setzte, bestand sein Soldatenchor noch aus 19 russischen Sängern, von denen jedoch nur neun verheiratet waren. Doch Oberst Röder überzeugte noch drei der Russen, in den heiligen Bund der Ehe zu treten. So konnten schließlich alle 12 Kolonistenhäuser befehlsgemäß bezogen werden. Die Chronik vermerkt dazu, dass zehn der »Havelrussen« mit Potsdamer Mädchen und zwei mit Französinnen verheiratet waren, die sie während ihrer »Paris-Visite« mit ihren Liedern begeistert hatten.

Im Zentrum Alexandrowkas steht das ehemalige Haus des Kolonievorstehers, der von hier aus das Leben der Alexandrowkaner lenkte und überwachte. Heute betreiben in dem vorbildlich sanierten Haus Nr. 1 Tatjana u. Thomas Hein ...

Das süße Kolonistenleben

Am *2. April 1827* war es endlich soweit: Die auserwählten 12 Kolonisten des russischen Soldatenchores Seiner Majestät konnten mit ihren Familien in Alexandrowka Einzug feiern. Und gefeiert wurde zünftig. Augenzeugen berichteten, das halbe Garderegiment sei drei Tage gefechtsunfähig gewesen. Dann aber zog der Alltag in Alexandrowka ein, verlief das Leben vor dem Nauener Tor wieder nach den strengen Gesetzen des preußischen Reglements. Jetzt bestimmte der Vorsteher der Kolonie, *Feldwebel Riege*, den Lebensrhythmus in Alexandrowka – vom Chortraining bis zum täglichen Exerzieren.

In einer Kabinettsorder heißt es deshalb: »*Die Colonie bleibt unter dem unmittelbaren Befehl, der Aufsicht und Direction des 1sten Garde-Regiments zu Fuß. Ein Feldwebel desselben führt die allgemeine Aufsicht. Seine Instruction empfängt er vom Commandeur des Regiments.*«

Doch für die Erstbewohner der Russischen Kolonie erschöpfte sich der Alltag nicht allein in dienstlichen Pflichten. Schließlich hatte ihr König bei der Einrichtung der Kolonistenstellen nicht geknausert und sie mit allem zum Leben Notwendigen ausstatten lassen. Von der bunten Kuh im Stall bis zum bepflanzten Garten, vom Spinnrad und Kinderbett bis zu Töpfen und Feueran-

... *ein russisches Restaurant mit Teestube und Sommergarten. Die Wirtsleute empfangen ihre Gäste in zünftiger Atmosphäre und laden zu Ucha, Russlands legendärer Fischsuppe, und zu anderen kulinarischen Spezialitäten ein.*

zündern reichte die Ausstattung der Gehöfte. Selbst die tickende Stubenuhr fehlte nicht, schließlich standen *Pjotr Alexejeff, Pjotr Anisimoff, Fjodor Fokin, Fefim Gawrilenko; Dmitri Sergejeff, Iwan Timofejeff, Pjotr Uschakoff; Iwan Wawiloff, Stepan Wolgin, Iwan Jablokoff; Iwan Grigorieff und Wassili Schischkoff* auch weiterhin in preußischem Dienst – und ein Soldat Seiner Majestät von Preußen sollte schon allzeit wissen, was die Stunde geschlagen hatte.

Auch das Stück Acker hinterm Haus musste in Ordnung gehalten werden, hatten die Sänger doch die Ehre, in einem preußischen Musterdorf zu siedeln. Versäumnisse in Haus, Hof und Garten wurden streng geahndet. Im schlimmsten Fall wurde allzu grobe Schlamperei mit Entzug der Kolonistenstelle bestraft. Bei aller Großzügigkeit seinen Sängern gegenüber, hatte sich der König die Häuser und Grundstücke von Alexandrowka als Eigentum gesichert und den Kolonisten lediglich das *Nießrecht* eingeräumt.

Doch noch einen Wermutstropfen mussten die russischen Kolonistenfamilien schlucken. Der König hatte das *Erbrecht* ausschließlich an die ehelichen männlichen Leibeserben nach der Erstgeburtsregel gebunden. In einer Kabinettsorder hieß es dazu: »*Bei Todesfällen geht die Stelle mit Zubehör und Inventar auf den erstgeborenen männlichen Erben, wenn sich derselbe zur griechischen oder evangelischen Kirche bekennt. Fehlen ähnliche Leibeserben, so fällt die Stelle zur königlichen Disposition zurück. Die Witwe soll noch drei Monate im Genuß der Stelle bleiben. Bei Abgabe des Inventars in gutem Stande soll sie noch ein Geschenk von fünfzig Thalern erhalten.*«

Bisweilen wollten die »undankbaren« Alexandrowkaner die Großzügigkeit ihres Königs nicht recht würdigen und versuchten, die Erbregel mit List zu hintergehen. So brachte das gewöhnlich freudige Ereignis einer Geburt in Alexandrowka manch bittere Stunde. Denn gebar eine Frau »nur« ein Mädchen, folgten oft Schläge und demütigende Vorwürfe des Ehemannes. In ihrer Pein sollen Kolonisten versucht haben, sich neugeborene Knaben auszuborgen, um den Kolonievorsteher zu täuschen. Doch diese List währte nicht ewig. Künftig wurde in Alexandrowka im Beisein glaubwürdiger Zeugen entbunden, um jede Mogelei auszuschließen.

Auch mit dem Acker- und Gartenland hatte mancher der Kolonisten seine Sorgen, waren sie doch fast alle Söhne von Jägern und Fischern. Ihre Lust zu Gesang und zum Musizieren war meist stärker als ihre Liebe zu Hacke, Spaten und Milchkuh entwickelt. Viele krochen deshalb während der Frühlings- und Sommermonate mit Kind und Kegel in die engste Kammer und vermieteten an zahlungskräftige Gäste. So gaben sich bald der Adel und Künstler unterschiedlichster Couleur alljährlich ein Stelldichein in Alexandrowka, der exotischen Gartenstadt unweit des Potsdamer Residenztreibens. Die Kolonistenfrauen erwiesen sich als exzellente Köchinnen, die singenden Grenadiere Seiner Majestät als gesellige Mundschenke.

Mit dem Soldatenchor jedoch nahm es ein rasches Ende. Im Jahre 1830 traten die russischen Sänger zum letzten Mal auf. *1861 starb der letzte der russischen Sänger*. Begraben sind sie jedoch nicht neben ihrer kleinen Kirche. Sie fanden ihre letzte Ruhe auf dem Alten Potsdamer Friedhof.

So geriet das typisch russische Element mit den Jahren zusehends in Vergessenheit. In die freigewordenen Gehöfte zogen nach und nach Beamte des Potsdamer Hofes. Die Kolonistenhäuser mit den ausgedehnten Grundstücken gewannen dabei immer mehr an Reiz.

Auch heute lebt man noch gern in Alexandrowka**.** Die einst eher schlichten russischen Holzhäuser erleben eine glückliche Renaissance und erfreuen sich bei durchaus »betuchten Neusiedlern« wachsender Beliebtheit. Bei einem Spaziergang kann man sich davon überzeugen. Die Alexandrowkaner haben sich bereits daran gewöhnt, in einem der Potsdamer Denkmäler zu wohnen. Die meisten von ihnen wenden nicht wenig Zeit auf, die nun bereits in die Jahre gekommenen Blockhäuser mit ihrem typisch russischen Zierrat zu erhalten.

Wer sich die Häuschen von Alexandrowka genauer betrachtet, der wird an ihre einstigen Bewohner, die russischen Sänger Friedrich Wilhelms III., erinnert. Nach russischem Brauch hatten die dörflichen Siedlungen keine Hausnummern. Ihre Häuser trugen kleine Schildchen mit dem Namen ihres Eigentümers. So hielten es auch die Kolonisten von Alexandrowka. Sie brachten ihre *Namensschilder* unterhalb des Schnitzwerkes der hölzernen Galerien an. Erst als eine Kolonistengeneration herangewachsen war, die bereits nicht mehr des Russischen mächtig war, nummerierte man die Häuser. Das zentralgelegene *Haus des Kolonievorstehers* erhielt die *Nummer 1* und ein zweisprachiges

*Unter den Giebeln geben Holztafeln Auskunft über die einstigen und jetzigen Bewohner. Die *Grigorieffs* bewohnen die *Nr. 7* bereits in der 7. Generation.*

Schild mit der Aufschrift *Colonie Alexandrowka.* Viele der Namensschilder gingen verloren. Doch an einigen Häusern kann man die *Genealogie* der Familien bis zu ihren Urvätern, den legendären russischen Soldatensängern, zurückverfolgen. *Schwarze Schilder* tragen mit weißer Schrift die Namen der Verstorbenen. Schwarze Namenszüge auf *weißen Schildern* zeigen die heutigen Hausherren der Blockhäuser an.

Besonders informativ ist die Generationsfolge am Haus der Familie *Grigorieff (Nr. 7)* dokumentiert. In kyrillischen Buchstaben erfahren wir vom ersten Bewohner dieses Hauses, dem Sänger *Iwan Grigorieff*. Die weiteren Schilder sind schon mit lateinischen Lettern geschrieben. Wir lesen noch zweimal den russischen Vornamen Iwan, dann schon die deutschen Otto, Paul und Kurt. Auf weißem Grund mit schwarzer Schrift hat sich *Joachim Grigorieff* in die Tradition seiner Vorväter eingetragen. Die Grigorieffs sind neben den *Schischkoffs (Nr. 11)* die letzten unmittelbaren Nachkommen der im 19. Jahrhundert aus Russland nach Potsdam »geschenkten« Sänger.

Bereits die Namensschilder unter den Galerien und Balkonen, auf denen in den Sommern rote Geranien blühen und im Herbst die wilden Ranken des russischen Weins leuchten, lassen den aufmerksamen Beobachter in die Geschichte eintauchen und ahnen, dass es mit den männlichen Nachkommen der Sänger von Alexandrowka schlecht bestellt war. Wie die Chronik berichtet, starben *Timofejeff, Gawiloff, Uschakoff, Sergejeff, Wawiloff* und *Wolgin* kinderlos. *Alexejeff* und *Fokin* blieben ohne erbberechtigte Söhne.

Wer sich heute Zeit nimmt, durch die Kolonie zu bummeln, und Glück hat, mit einem der Einwohner ein paar Worte zu wechseln oder im Herbst ihre Gravensteiner zu probieren, der wird schnell des herzlich-schnoddrigen Berliner Dialektes der Alexandrowkaner gewahr. Da machen auch die Grigorieffs und die Schischkoffs keine Ausnahme. Kein russisches Zungen-R blieb in ihrer Sprache erhalten, kein Akzent weist auf ihre Urväter. Wenn da nicht unsere geschichtlichen Kenntnisse und die »verräterischen« Namen wären, müsste man sie allesamt für Urpreußen halten. Aber so ist das eben in Brandenburg, die preußische Toleranz zeigt ihre lebendigen Zeugen auf Schritt und Tritt. Wenigstens dieser Wunsch des Koloniegründers Friedrich Wilhelm III. hat sich erfüllt: Seine russischen Sänger verschmolzen rasch mit den Potsdamern.

Nach einem Rundgang durch Alexandrowka sollte man nicht versäumen, im ehemaligen *Vorsteherhaus Nr. 1* einzukehren. Die Wirtsleute Tatjana und Thomas Hein haben hier ein zünftiges *russisches Restaurant mit Teestube und Sommergarten* eingerichtet, wo sie ihre Gäste mit kulinarischen Spezialitäten verwöhnen.

Doch verlassen wir Alexandrowka. Gleich hinter dem im Ostbogen gelegenen Gehöft Nr. 5 führt uns ein romantischer Sandweg, den bereits Lenné anlegen ließ, hinauf auf den *Kapellenberg* zur Alexander-Newski-Kirche.

Die Alexander-Newski-Gedächtniskirche ist in einem grünen Laubwaldkranz eingebettet. Lenné entwarf die Parkanlage auf dem Kapellenberg. Ein kleiner Friedhof umgibt das Kirchlein – hier mit der Apsis von Osten aus gesehen.

Die Potsdamer Russisch-Orthodoxen

Wer nicht die *Alexander-Newski-Gedächtniskirche* besichtigt hat, der war gewiss vergeblich in Alexandrowka. Oben auf dem *Kapellenberg* rundet sich der Ausflug ins Preußen Friedrich Wilhelms III. erst ab. Hier, über den Dächern der Alexandrowka, erhält die Visite jene geschichtliche Dimension, die sie unvergesslich macht. Ein Besuch des russisch-orthodoxen Kirchleins und des beigeordneten *Friedhofs* lohnt sich, findet man hier doch manches historische Zeugnis. Unmittelbar neben der Alexander-Newski-Kirche entdecken wir auch das einstige *Königliche Landhaus*, das *14. Holzhaus* Alexandrowkas. Es steht versteckt zwischen uralten Linden und Eichen, mit denen *Peter Joseph Lenné* den Alexanderberg vor mehr als 175 Jahren schmückte.

Bevor wir uns der A.-Newski-Kirche zuwenden wollen, sei ein Blick in die Geschichte der Potsdamer Russisch-Orthodoxen erlaubt. Schließlich gehören russisch-orthodoxe Kirchengemeinden nicht unbedingt zum Alltäglichen in deutschen Landen. Wir aber bummeln jedoch auf preußischer Erde! Und da ist man vor Überraschungen nicht sicher. *Toleranz* zählte ja von den Anfängen an zu den teuersten der preußischen Tugenden.

Die Geschichte der Potsdamer Russisch-Orthodoxen begann mit einem für unser Rechtsempfinden eigenartigen Geschenk. *1718* übereignete *Zar Peter I. (1672 – 1725)* dem Preußenkönig *Friedrich Wilhelm I. (1688 – 1740)* 55 Riesengrenadiere. Sie gehörten zu den Stammzellen der legendären *Langen Kerls*, des Lieblingsspielzeugs des Soldatenkönigs. Diese russische Abteilung der Langen Kerls gründete, da allesamt strenggläubige Bauernsöhne waren, die erste russisch-orthodoxe Glaubensgemeinde Potsdams – durfte doch in Preußen jedermann nach seiner Fasson selig werden.

Der Soldatenkönig zeigte sich wie bei allen wichtigen militärischen Entscheidungen trotz seiner sprichwörtlichen Sparsamkeit nicht knauserig. Er ließ für seine russischen Gardekerls am Kanal eine kleine *Fachwerkkirche* erbauen, in dem sie nach dem täglichen nervenraubenden Exerzierdienst entsprechend den Bräuchen ihrer Heimat geistlichen Beistand finden konnten. Doch rascher als vermutet, schmolz die orthodoxe Gemeinde dahin. So mutierte das erste Potsdamer orthodoxe Kirchlein *1755* zu einem *Komödiensaal*, der im Jahre 1777 schließlich dem Neubau der Montierungskammer weichen musste.

Auch ohne eigenes Gotteshaus bestand die russische Gemeinde noch bis zum Jahre *1805* und hielt ihre Gottesdienste im Haus des Kaufmanns Lüttich in der Lindenstraße/Ecke Bäckerstraße ab.

Zwischen den Sängern der Russischen Kolonie Alexandrowka und den von Peter dem Großen nach Preußen »exportierten« gläubigen Soldaten mit Gardemaß besteht also kein Zusammenhang. Allerdings beruhte auch das erneute Aufleben der russischen Orthodoxie in Potsdam wie 100 Jahre früher auf einem Geschenk des russischen Zaren an einen Preußenkönig.

Die Alexander-Newski-Kirche entsteht

Die zu Alexandrowka gehörende russisch-orthodoxe Kirche sollte laut königlicher Order ausschließlich der geistlichen Betreuung der Kolonisten dienen. Doch im Gegensatz zu ihrem Vorläufer am Kanal sollte das Kirchlein als Kunstwerk von bleibendem Wert in die Baugeschichte der Hohenzollern eingehen und hier einen würdigen Platz einnehmen. So forderte Bauherr Friedrich Wilhelm III. eine *Kirche russischer Spielart*, in der sich die Stilmöglichkeiten des *Berliner romantischen Klassizismus* entfalten sollten. Zu dem bereits in Alexandrowka wirkenden Zweigespann *Lenné* und *Snethlage* beorderte der König deshalb Baumeister *Karl Friedrich Schinkel (1781 – 1841)*, der bereits mit der Berliner Alten Wache (1816) und dem Schauspielhaus (1821) als dominierende Künstlerpersönlichkeit des deutschen Klassizismus Baugeschichte geschrieben hatte. Erst durch Schinkels Mitwirken wurde die Kirche zu jenem Kunstwerk, das noch heute durch seine unnachahmliche Klassizität besticht.

Die Baupläne für die Potsdamer orthodoxe Kirche lieferte der am Petersburger Zarenhof tätige namhafte klassizistische Architekt *Wassilij Petrowitsch Stassow (1769 – 1848)*. Er war auch der Schöpfer der einst berühmten *Kiewer Desjatin-Kirche (1828)*, die leider den Wirren der Geschichte zum Opfer fiel. Um so mehr gewinnt heute die in ihrer künstlerischen Einmaligkeit und Originalität erhaltene Alexander-Newski-Kirche an Bedeutung.

Doch nicht nur die Risse für den Kirchenbau stammen aus Petersburg. Da Friedrich Wilhelm besondere Sorgfalt und Originalität bei der Ausstattung des Kircheninnenraumes gefordert hatte, ließ Zar *Nikolaus I.* zwei Entwürfe durch seine besten Künstler anfertigen. *Schinkel korrigierte* die Petersburger Baupläne und Entwürfe des Kirchen-Interieurs kritisch und schrieb in seinem endgültigen Gutachten an den König:

»Euer Hochwohlgeboren beehre ich mich hierbei die beiden Zeichnungen der Russischen Kapelle wieder zurückzureichen. Auf der einen habe ich eine Papierklappe aufgeheftet, auf welcher angegeben ist, wie der obere Aufsatz mehr in Übereinstimmung mit dem unteren Teile zu bringen ist; eine besondere beiliegende Bleistiftzeichnung gibt an, wie das Ganze mehr Einfachheit und Ruhe in der Anordnung gewinnen könnte, und ein gleichfalls angefügtes Blatt gibt noch Aufschlüsse über die von mir vorgeschlagenen Veränderungen...«

Schinkels Grundanliegen fand das königliche Wohlwollen, wenn der König auch nicht allen Vorschlägen folgte. Schinkel verstärkte vor allem die klassizistischen Elemente, ohne das Gedankengut der altrussischen Baukunst zu verdrängen. Durch kluge Symbiose russisch-orthodoxer und deutscher klassizistischer Architektur gelang ihm damit ein künstlerisch vollendetes Kleinod.

Als ursprüngliche Lage für das Gotteshaus hatte *Lenné* den Rand Alexandrowkas vorgesehen. Doch der König wollte die Kirche an exponierter Stelle sehen. So wählte Lenné den nahen Minenberg als endgültigen Standort aus.

Der Name *Minenberg* war auf Sprengversuche zurückzuführen, die hier der französische Ingenieur-Oberstleutnant Le Fébre um 1753 mit 53 Zentner Pulver durchgeführt hatte. *Friedrich der Große* ließ später, etwa 1783, den Berg mit 379 Maulbeerbäumen für seine Seidenraupenzucht bepflanzen.

Die Bauarbeiten an der russischen Kirche erfolgten parallel zum Baugeschehen in Alexandrowka. Obwohl die Risse des Petersburger Hofes bereits im Mai 1826 in Potsdam eingetroffen waren, verzögerte sich der Baubeginn wegen umfangreicher bautechnischer Vorbereitung. Dessen ungeachtet, legte man am *11. September 1826* (Gedenktag Alexander Newskis) im Beisein Friedrich Wilhelms III. den *Grundstein*.

Hauptmann Snethlage war der künstlerisch begabte Ingenieurleutnant von Motz zubefohlen worden. Die Potsdamer Steinmetzmeister Fork und Trippel sowie der Maurermeister Blankenhorn gaben ihr handwerkliches Können für das Gelingen des Kirchenbaues. So ging die Arbeit rasch voran.

Am *10. Juli 1829* versammelte sich die Potsdamer russisch-orthodoxe Gemeinde im Beisein von Zar Nikolaus I. zum *ersten orthodoxen Gottesdienst* mit dem Gesandtschaftsgeistlichen *Johannes Tschudowski* in ihrer neuen Kirche auf dem Alexanderberg. Auf den Tag genau, drei Jahre nach der Grundsteinlegung am *11. September 1829,* fand die feierliche *Weihe* der Potsdamer russisch-orthodoxen Kirche auf den Namen *Alexander Newski* statt.

Für die Wahl Alexander Newskis zum Namenspatron der Kirche galten

Die deutsch-russische Grabplatte des Gesandtschafts-Probstes und Kirchenvorstehers der A.-Newski-Kirche, Johannes Tschudowski (Außen-Apsis).

zwei Gründe. Einmal war die Kirche zum Gedächtnis an den 1825 verstorbenen Zaren *Alexander I.* errichtet worden, dessen Schutzpatron Alexander Newski war. Zum anderen mögen historische Bezüge dominiert haben. *Alexander Newski (um 1200 – 1263)*, Fürst von Nowgorod und seit 1252 Großfürst von Wladimir, besiegte im Jahre 1240 das schwedische Heer an der Newa (Beiname *Newski*) und 1242 den Deutschen Orden auf dem Eis des Peipussees. Für seine Verdienste zur Rettung Russlands wurde er später heilig gesprochen.

Die Einweihungsfeier fand mit großem Pomp im Beisein Nikolaus´ I. und Friedrich Wilhelms III. statt. Der Zelebrant war wieder der Erzpriester Tschudowski, Vorsteher der Berliner Gesandtschaftskirche.

Zur orthodoxen Gemeinde gehörten damals die elf noch verbliebenen Kolonisten von Alexandrowka sowie der königliche *Leibkutscher Iwan Bokoff*, der ja jenseits der Havel im Blockhaus Nikolskoë wohnte (S. 7).

Natürlich wurde die Kirchweih in Alexandrowka zünftig gefeiert. Doch die Feier durfte erst zwei Tage, nachdem die hohen Herrschaften wieder in ihre Residenzen zurückgekehrt waren, starten. Immerhin hatte sich Friedrich Wilhelm nicht knauserig gezeigt und 75 Flaschen Wein, 13 1/2 Quart (1 Quart = 1,115 Liter) Kümmel und 50 Taler für seine russischen Sänger spendiert.

Die Alexander-Newski-Kirche – ein klassizistisches Kunstwerk

Vom architektonischen Grundtyp her zählt die Alexander-Newski-Kirche zu den auf vier Pfeilern ruhenden kleinen *Kreuzkuppelkirchen*. Ihr Grundriss lässt ein griechisches Kreuz erkennen, welches in ein Quadrat eingebunden ist. Die quadratische Vierung hat eine innere Kantenlänge von 9,20 m. Die Wandstärke beträgt 73 cm. Die Klassizität der Kirche wird durch das Maß der inneren Höhe der Zentralkuppel unterstrichen, die mit 18,40 m genau der doppelten Kantenlänge der Vierung entspricht.

Die Ostfassade ist als *Apsis* gewölbt. Sie nimmt den *Altarraum (Bema)* auf. Über der Vierung mit ihren breiten Gurtbögen steigt der zylinderförmige *Tambour* empor und setzt sich in der *Hauptkuppel* fort, begleitet von *vier Nebenkuppeln* über den Eckräumen. Der klassizistische Aufriss wird in den übrigen Fassaden nach Westen, Süden und Norden mit gleichem Maß weitergeführt. Vertikal sind die Fassaden durch Lisenen (Stuckpilaster) dreifach gegliedert.

Die jeweils um die Mittelachse geführten *Kielbögen* (umgangssprachlich »Eselsrücken«) gelten als architektonisches Element der Gotik. In Russland erstmals in der Georgs-Kathedrale in Jurjew-Polski (1230 – 1234) angewandt, wird er zu Beginn des 15. Jh. zu einem bestimmenden Kennzeichen der Moskauer Bauschule. Die Kielbögen werden durch schlanke kannelierte Säulen gebildet, die maßvoll zu einem gotischen Spitzbogen zusammenfinden und mit einer vergoldeten Halbkugel und einem Kreuz gekrönt werden.

Im Vierpass oberhalb der Kielbögen sind im Jahre *1851* unter *Friedrich Wilhelm IV. (1795 – 1861)* jeweils Lavatafeln eingefügt, die auf goldenem Grund Ikonen des Malers *August von Kloeber* aufnehmen. Die *Kielbogen-Kapitelle* schmücken je zwei Reihen von Palmblättern. Sie sind in ein flaches ornamentales Gesimsband gefügt, das die Fassaden horizontal gliedert und als Basis für die aufsteigenden schmalen lichtspendenden *Rundbogenfenster* dient.

Den fundamentseitigen Abschluss bildet ein ähnliches Flachband. Ein über vertikal verlaufenden Pilastern gefügtes schmuckloses Gesimsband umfasst den gesamten Kubus und setzt ihn gegenüber der weitaus dynamischeren Dachregion deutlich ab.

Markantes Gestaltungselement des *Attikageschosses* bilden Halbkreisfenster an den Ecken und im oberen Teil der Apsis. Die maßwerk-geschmückten Rundbogenfenster lassen das Tageslicht in den Altar- und in den Gemeinderaum fließen. Ein breiter ornamentalverzierter Fries und aufgelegte Kreuze beleben das Attikageschoss zusätzlich.

Im Rahmen umfangreicher Restaurierungsarbeiten in den Jahren 1977 und 1993 erhielt die Kirche ihre originale Farbgebung zurück. Ein zartes Rosa betont die Schlichtheit der glatten Wandflächen, gegen die Ornamente und Fensterleibungen weiß abgesetzt sind und so die beabsichtigte Plastizität erhöhen. Das kubusförmige Kirchengebäude krönen *fünf Kuppeltürme* im traditionellen russischen Baustil. Um die fast 20 Meter hohe Zentralkuppel gruppieren sich symmetrisch die vier kleineren Kuppeltürme

Alle Kuppeln sind in der russischen Zwiebelform ausgeführt und waren ursprünglich mit Weißblech beschlagen, das später durch Kupfer ersetzt wurde.

Christus der Erlöser **über dem W-Portal (l.).** *Theodorus Stratilates* **über dem N-Portal (Der Schutzheilige der Soldaten weist auf die ehemalige Militärgemeinde hin). Ikone des Heiligen** *Alexander Newski* **über dem S-Portal (r.).**

Den Kuppelabschluss bilden vergoldete Kugeln, die je ein Christus-Kreuz tragen. Umlaufende Säulenfriese an allen Kuppeltürmen unterstreichen die Klassizität des Kirchenbaus. Dabei überhöht der *Tambour* der Hauptkuppel den Innenraum und sorgt mit acht Fenstern für dessen stimmungsvolle Ausleuchtung. Ein Blick ins Innere der Hauptkuppel mag deshalb Gefühle der Verinnerlichung stärken, die jener beabsichtigten klassischen Proportionalität zuzusprechen sind. Die über den Eckräumen angeordneten Nebenkuppeln erhielten Tamboure mit Blendbogengalerien, ein häufig genutztes dekoratives Gestaltungselement der altrussischen Baukunst.

Die beiden Westtürme nehmen die *Glocken* auf, die noch heute zum Gottesdienst einladen.

Wir betreten die Alexander-Newski-Kirche durch das Westportal. Der erste Eindruck: In diesem etwa 50 Personen aufnehmenden Gotteshaus vereinen sich die schlichte Eleganz des preußischen Klassizismus und die byzantinisch-orthodoxe Pracht altrussischer Baukunst, Protestantismus und Orthodoxie verschmelzen zu einer gelungenen Symbiose anmutiger Ästhetik.

Bald fängt sich unsere Aufmerksamkeit in dem vor uns aufsteigenden *Ikonostas*. Die Bilderwand entstand in Preußen nach Entwürfen eines Petersbur-

Alexander-Newski-Kirche mit dem Westportal (l.) – Ikone Christus der Erlöser *– und dem Südportal mit der Ikone des Heiligen* Alexander Newski.

ger Künstlers. Seine endgültige Faszination erhielt der Kircheninnenraum durch *Schinkels* Kreativität, dessen Stilempfinden den Ikonostas zu einem der eindrucksvollsten Beispiele klassizistischer Sakralkunst werden ließ. Dem Berliner Klassizisten verdanken wir vor allem die Pilaster und Simse, die Palmetten und Engel der Bilderwand.

Als besonders wertvoll erweist sich der Mittelteil des Ikonostas mit der *Königlichen Tür*. Die in den Jahren 1828 und 1829 in Russland gemalten Ikonen stellen die Verkündigung Marias und die Evangelisten dar. Durchbrochene, in Holz geschnitzte Weinranken fassen die Türflügel ein. Die konkave Oberkante der Tür harmonisiert mit dem portalartigen Abschluss.

Im freien Raum über der Königlichen Tür wird die Fiktion der schwebenden Taube des Heiligen Geistes im feingliedrigen Wolkenstrahlkranz hervorgerufen. Trotz aller Klassizität weicht die Ikonenanordnung von der kanonisch vorbestimmten ab. Die Ikonen sind in der »Reduktionsform« (in geöffneter Weise) platziert und lassen die vergoldeten hölzernen Verzierungen frei.

Das komplette *Inventar* der Alexander-Newski-Gedächtniskirche ist auf eine *Petersburger Schenkung* zurückzuführen, die später durch das Moskauer Patriarchat ergänzt wurde. Einige der wertvollen Ikonen verdankt die Kirche der Zarin *Alexandra Feodorowna*, die hiermit ihrer Potsdamer Heimat mehr als einen bescheidenen Dank abstattete.

Karfreitags-Prozession um die Alexander-Newski-Kirche und deren Friedhof.

Zu den historischen Besonderheiten der Kirche zählt die mit »Allerhöchster Genehmigung« hier aufbewahrte Sammlung von *Medaillen* (S. 5) und *Kriegsgedenkmünzen*, die an die Sänger von Alexandrowka erinnern sollen. An den Ostpfeilern werden *zwei Prozessionsfahnen* aus der Erbauungszeit der Kirche aufbewahrt.

Unmittelbar um die Alexander-Newski-Kirche ist ein kleiner *Friedhof* angelegt. Die Begräbnisstätte grenzt ein schmiedeeiserner Zaun mit kunstvoll gearbeiteten Sandsteinsäulen ab. Die Entwürfe für die Einfriedung erarbeitete *Schinkel* im Jahre *1830*. Dabei wiederholte der stilbewusste Baumeister die Form des Andreaskreuzes, das bereits als Grundriss für Alexandrowka diente. Die Beisetzung in der geweihten Erde in unmittelbarer Nähe der Alexander-Newski-Kirche« gilt als besonderes Vorrecht für Priester und Gläubige, die mit dem Schicksal der Potsdamer orthodoxen Gemeinde besonders eng verbunden waren. Die älteste Grabplatte weist auf den am 24. September 1838 verstorbenen *Erzpriester Tschudowski* hin. Sie ist in die Apsis eingelassen (S. 22). Unter den Grabstellen verdienen einige hervorgehoben zu werden. So sind hier der Militärbevollmächtigte beim Deutschen Kaiser, Generaladjutant Graf *Kutusow*, ein Nachfahre des legendären Bezwingers Napoleons, und dessen Ehefrau bestattet. Als jüngste Ruhestätte finden wir das Doppelgrabmal für *Erzpriester Markewitsch (1898 – 1968)* und dessen Gattin *Maria (1901 – 1971)*.

Der von Schinkel gestaltete Ikonostas. In der Mitte die Zarentür.

Ausflug in die russisch-orthodoxe Liturgie

Ähnlich wie die Innenausstattung christlicher Gotteshäuser katholischer oder evangelischer Glaubenskonvention bestimmten Prämissen folgt, ist sie auch in russisch-orthodoxen Kirchen einer einheitlichen liturgischen Grundkonzeption untergeordnet. Trotz künstlerischer und typologischer Vielfalt und Verschiedenartigkeit der Details ist das gesamte Interieur dem Vollzug des Gottesdienstes angepasst. Dabei fällt dem Hauptgottesdienst, der *Göttlichen Liturgie*, ein zentraler Platz zu, unabhängig ob er in seinen Gebeten Kirchenvater *Johannes Chrisostomos (gestorben 407)* oder *Basilos (gestorben 379)* folgt.

Betreten wir das Innere einer orthodoxen Kirche, zieht uns sogleich die Pracht des *Ikonostas* (Bilderwand) in seinen Bann. Er dominiert den gesamten Gemeinderaum *(Naos)* und trennt ihn vom *Allerheiligsten*, zu dem nur geistliche Würdenträger Zutritt haben. Der Ikonostas ist kulturhistorisch auf das früher in katholischen Kirchen übliche Trenngitter zwischen Altar- und Gemeinderaum zurückzuführen, das die Gläubigen mit Heiligenbildern schmückten. Diesen Brauch übernahmen die orthodoxen Christen und entwickelten aus dem bildergeschmückten Trenngitter den stabilen Ikonostas.

Zentral hinter dem Ikonostas ist der Altarraum *(Bema)* mit dem Altar platziert. Links von ihm ist die *Prothesis* angeordnet. In ihr steht der *Rüsttisch,* auf dem die heiligen Gaben bereitet werden. Rechts vom Altar befindet sich das *Diakonikum,* das die heiligen Geräte und Gewänder aufnimmt. Bema, Prothesis und Diakonikum sind durch kunstvolle Türen, die Bestandteil des Ikonostas sind, zu erreichen. Die mittlere Tür heißt *Königliche* oder *Zarentür.* Sie wird entsprechend den liturgischen Vorgaben geöffnet oder geschlossen. Die Zarentür ist altarseitig mit einem Vorhang bedeckt, der in die liturgische Ordnung einbezogen wird. Während der Osterwoche bleiben die Türen des Ikonostas geöffnet. Der *Ikonostas* gründet sich auf einem flachen Stufenpodest, der *Sola.* Der rechte Platz vor der Bilderwand ist den Chören vorbehalten und wird *Kliros* genannt. Unmittelbar vor der *Zarentür* breitet sich das *Ambon* aus. Dieser Bereich dient der Verkündigung.

Ein unverzichtbares Element der Innenausstattung orthodoxer Gotteshäuser finden wir in den zahlreichen Bildern. Sie werden entsprechend ihrem griechisch-byzantinischen Ursprung *Ikonen* genannt und verinnerlichen einen hervorragenden Teil orthodoxer Theologie und Frömmigkeit. Dabei anerkennt der Orthodoxgläubige die in den Ikonen abgebildeten Personen als gegenwärtig und verehrt sie durch religiöse Huldigungsgesten.

Gestühl fehlt in orthodoxen Kirchen. In stehender Andacht bewahrt sich der orthodoxe Christ größere Nähe zu seinem Gott. Nur Kranken und Altersschwachen ist die sitzende Teilnahme am Gottesdienst erlaubt. Auch auf eine Orgel verzichten orthodoxe Gotteshäuser.

Die *Göttliche Liturgie* der russisch-orthodoxen Kirche ist in Teile gegliedert: Sie wird mit einem umfangreichen Vorbereitungsteil, der *Proskomidie*, eröffnet. Getrennt von der Gemeinde, bereitet der Priester am Rüsttisch in der Prothesis die Opfergaben für die Eucharistiefeier. Dabei symbolisiert die Proskomidie die Eucharistiefeier als wirklichkeitserfülltes Gedächtnis und Vergegenwärtigung des Kreuzopfers. Der folgende Mittelteil der liturgischen Handlungen, der Wortgottesdienst, wird als *Liturgie der Katechumen* bezeichnet. Er findet seinen Gipfelpunkt im *Kleinen Einzug mit dem Evangelienbuch* und symbolisiert das Erscheinen Jesu Christi. Der Begriff *Katechumen* bedeutet *Taufbewerber*. Frühchristliche Bräuche schrieben den Katechumen nach diesem liturgischen Teil das Verlassen der Kirche vor. Mit der *Liturgie der Gläubigen* schließt die Göttliche Liturgie als Abendmahlfeier. Sie beginnt mit dem *Großen Einzug*, der Überführung der Opfergaben vom Rüsttisch durch den Gemeinderaum zum Altar. Die Heilige Kommunion, die Segnung und Verteilung des *Antidoron* (ungeweihte, nicht konsekrierte Brotstücke), beendet die *Abendmahlfeier*. Die orthodoxe Liturgie entlässt die Gläubigen mit den Worten: *»Lasset uns in Frieden fortgehen!«*

Das Königliche Landhaus

Bereits *1827*, zwei Jahre vor der Weihe der Alexander-Newski-Kirche, hatte *Hauptmann Snethlage* das *Königliche Landhaus* fertiggestellt, das der Bauherr *in bunter Manier* gestaltet haben wollte. Das 14. Holzhaus weicht deshalb von der Architektur der Kolonie entscheidend ab.

Es ist einem *Entwurf von A. Monteferrant* nachempfunden, den der Architekt um 1820 für ein in unmittelbarer Nähe Glasowos geplantes, jedoch nicht realisiertes weiteres Parkdorf entwickelt hatte.

Das zweistöckige und sehr geräumige Holzhaus ist mit glatten Dielenbrettern verkleidet, die grau gestrichen waren. Fenster, Türen und das Schnitzwerk waren in einem zur Fassade kontrastierenden Weißton gehalten, während die Lamellenläden

Blick durch den Schinkelzaun auf das ehemalige Königliche Landhaus.

mit bunten folkloristischen Motiven bemalt waren. Im Obergeschoss ließ der König seine *russische Teestube* einrichten. Sie sollte ursprünglich nach dem Vorbild des Blockhauses in *Nikolskoë* ausgestattet werden, erhielt dann jedoch Tische und Stühle im Biedermeierstil der königlichen Speisezimmer in Berlin. Ein Tulaer Samowar und ein mit russischen Volksszenen bemaltes Teeservice, ein Geschenk Nikolaus´ I., sorgten für das besondere Flair im *Königlichen Landhaus*. Für den Hausgebrauch hatte Friedrich Wilhelm III. in der Berliner Königlichen Porzellanmanufaktur ein Tafelservice mit 24 Tassen, diversem Teegeschirr, zwölf Speise- und achtzehn Suppentellern zu dem »bescheidenen« Preis von 191 Talern anfertigen lassen. Häufig führte der König seine Gäste in die Teestube auf dem Kapellenberg, um hier oben in romantischer Umgebung Mittagstafel oder Teestunde zu halten.

Während in der königlichen Teestube fürstlich getafelt wurde, bemühte sich im links neben dem Landhaus gelegenen *Kutscherhaus* Hoflakai Kondrati J. Tarnowski um das Wohl der ausgespannten Pferde.

Am 26. September 1839 besuchte Friedrich Wilhelm III. den Kapellenberg (der vom König angewiesene Name *Alexanderberg* hatte sich nicht durchgesetzt) zum letzten Mal, um hier an einem orthodoxen Gottesdienst teilzunehmen. Sein Thronfolger, *Friedrich Wilhelm IV.*, hielt sich nur selten in dem Königlichen Landhaus auf, verbrachte jedoch während seiner langjährigen Krankheit manche Stunde auf dem Kapellenberg.

Erzpriester A. Koljada zelebriert den Mitternachtsgottesdienst vor Ostern (23.30).

Die Betreuung der russisch-orthodoxen Gemeinde

Die 1827 neuentstandene Potsdamer orthodoxe Soldatengemeinde wurde von Anfang an durch die russische Gesandtschaftsgeistlichkeit in Berlin betreut. So weihte ihr *Erzpriester Johannes Tschudowski* die Kirche und hielt die Gottesdienste. Gleichzeitig war der *Hoflakai Kondrati Jermolajewitsch Tarnowski* als Kirchenvorsteher und Aufseher der A.-Newski-Kirche eingesetzt. Er beherrschte Kirchenslawisch und unterstützte die Gottesdienste als Leser und Sänger. Seine Hauptaufgabe bestand jedoch in der Aufsicht über das *Königliche Landhaus* und den dazugehörigen von *Lenné* angelegten Garten.

Auf Befehl Zar Nikolaus´ I. unterstützte bald *Diakon Sachari Petrow* die orthodoxe Gemeinde. Wegen seines lockeren Lebenswandels, der dem auf Ordnung bedachten Garderegiment missfiel, drohte ihm die Abschiebung nach Russland. Doch kurz vorher starb er (1831) im Regimentslazarett zu Potsdam.

Nun verwaiste das Königliche Landhaus auf dem Kapellenberg für lange Zeit, und die geistliche Betreuung der Alexandrowkaner blieb bis 1914 in der Obhut der orthodoxen Priester der Berliner Gesandtschaft. Bedeutendes leistete dabei Erzpriester *Alexej Petrowitsch Malzew (1886 – 1914)*. Als der I. Weltkrieg ausbrach, wurde Malzew nach Russland zurückgerufen.

Zwischen den beiden Weltkriegen (Karlowitzer Spaltung) blieb jede Verbindung zur Moskauer Mutterkirche untersagt. *Nach 1945* wurde die Potsda-

Russisch-orthodoxe Trauung durch Erzpriester Anatolij Koljada.

mer Gemeinde erneut dem russisch-orthodoxen Patriarchat (Bistum von Berlin und Deutschland) unterstellt, das z. Z. von *Erzbischof Feofan* geführt wird.

Im Jahre *1949* erhielt die Potsdamer orthodoxe Gemeinde nach 120 Jahren mit *Erzpriester Nikolai Markewitsch* erstmals einen ständigen Gemeindepfarrer. Er bezog das Haus auf dem Kapellenberg und führte seine Gemeinde bis zu seinem Tode 1968 (Grabmal an der Alexander-Newski-Kirche). Priester des Exarchats führten nun lediglich sporadisch Gottesdienste durch.

Seit dem *6. Oktober 1986* betreut *Erzpriester Anatolij Koljada* die Gemeinde der Alexander-Newski-Gedächtniskirche zu Potsdam. Er bewohnt mit seiner Familie das Haus auf dem Kapellenberg zur Miete. Seit dem Zusammenbruch der Sowjetunion wächst die Potsdamer orthodoxe Gemeinde vor allem durch Spätrückkehrer aus den GUS-Staaten.

Die Gemeinde besteht heute vorrangig aus deutschen orthodoxen Familien, aber auch aus Familien, die unterschiedliche christliche Konfessionen pflegen. Einige Mitglieder sind Nachkommen russischer und bulgarischer Exilanten.

Wie in anderen wird auch in der Potsdamer orthodoxen Gemeinde keine Kirchensteuer erhoben. Sie finanziert sich deshalb vorrangig aus freiwilligen Beiträgen der Gemeindemitglieder. Wer sich die Zeit nimmt, der ist gern als Gast der orthodoxen Kirche oder bei einem der orthodoxen Gottesdienste gesehen. Die Kirche ist stets für Gäste aller Glaubensbekenntnisse offen.

Erzbischof Feofan zelebriert die Göttliche Liturgie am Festtag des Heiligen Alexander Newski mit dem Dekan Erzpriester Georg (r.) und dem Hauptgeistlichen der Kirche Erzpriester Anatolij Koljada (l.).

Impressum
1. Auflage 2004

EDITION MÄRKISCHE REISEBILDER • Potsdam

© Idee, Fotos und Text: Dr. Karl-Heinz Otto
Mitarbeit des Erzpriesters Anatolij Koljada,
Hauptgeistlicher der Alexander-Newski-Gedächtniskirche zu Potsdam
Korrektur: Regine Miks
Herstellung: Elbe-Druckerei Wittenberg
Vertrieb: Über den Verlag EMR * FON & FAX: 03 31/2 70 17 87

Umschlaggestaltung:
Abbildung Titelseite: Alexander-Newski-Gedächtniskirche
Abbildung Rückseite: Fensterfront eines Blockhauses in Alexandrowka

Abbildungs-Nachweis:
Anatolij Koljada: S. 19, 25/27, 30/31
Thomas Hein: S. 15. Alle anderen Bildarchiv des Autors.

Lieferbare Titel aus der Reihe Märkische Reisebilder:

I. Broschur, 64 Seiten, Euro 4,80
»Potsdam´ zwischen Sanssouci & Neuem Garten«
»Potsdam-Berliner Kulturlandschaft«
»Babelsberg – Böhmische Weberkolonie Nowawes, Kaiserresidenz & Filmmetropole«
»Kurfürsten, Könige, Kaiser – Hohenzollern in Brandenburg & Preußen«
»Untern Linden – Gesichter einer Berliner Prachtstraße«
»Spreewald – Natur, Kulturgeschichte, Bräuche«
»Zisterzienserklöster in Brandenburg«
»Eine märkische Sagenreise«
»Holländisches Viertel«
»Havelland«

II. Broschur, 32 Seiten, Euro 3,00
»Die Bornstedter Basilika«
»Krongut Bornstedt – Ein ländliches Pendant zu Sanssouci«
»Fontanes Bornstedt – Geschichten eines märkischen Kirchhofes«
»Kaiserin Victoria – Legendäre Gutsherrin des Krongutes Bornstedt«
»Die Langen Kerls – Legendäre Garde Friedrich Wilhelms I.«
»Die Mühle von Sanssouci«
»Gundling – Akademiepräsident & Hofnarr Friedrich Wilhelms I.

»Brandenburg – 100 märkische Reisebilder«
Kulturhistorischer Wegweiser durch ein liebenswertes Land«
Gebunden, Hardcover, 336 Seiten, Euro 17,00

»Im Schatten der Flämingburg«
Ein spannender Kriminalroman aus der Region Berlin-Brandenburg
Taschenbuch, 312 Seiten, EURO 7,90

EDITION MÄRKISCHE REISEBILDER

Die Russische Kolonie Alexandrowka mit der orthodoxen Alexander-Newski-Gedächtniskirche zählt zu den kulturhistorischen Klein-
odien der brandenburgischen Landeshauptstadt. Neben Sanssouci
und den anderen Schlössern und Parks der einstigen Hohenzollern-
residenz gehört auch Alexandrowka zum Weltkulturerbe. Das von
Peter Joseph Lenné im Auftrag Friedrich Wilhelms III. zwischen
1826 und 1829 angelegte Memorial erinnert an den 1825 verstorbenen russischen Zaren Alexander I., mit dem der Preußenkönig 1814
gemeinsam Napoleon besiegt hatte. Die Erstbewohner der Kolonie
Alexandrowka waren Sänger eines russischen Soldatenchores des
1. Potsdamer Garderegiments.
26 stimmungsvolle Farbabbildungen runden das märkische
Reisebild ab.

EDITION
MÄRKISCHE
REISEBILDER

ISBN 3-934232-44-2